刻在石头上的中华五千年

石碑中的大唐盛世

煜程国际文化传播（北京）有限公司
苏州和云观博数字科技有限公司 / 著　　张云 / 主编

天地出版社 | TIANDI PRESS

图书在版编目（CIP）数据

石碑中的大唐盛世 / 煜程国际文化传播（北京）有限公司，苏州和云观博数字科技有限公司著；张云主编 . —成都：天地出版社，2023.1（2023.3重印）

（刻在石头上的中华五千年）

ISBN 978-7-5455-7300-8

Ⅰ.①石… Ⅱ.①煜… ②苏… ③张… Ⅲ.①石刻—考古—中国—唐代—儿童读物 Ⅳ.① K877.4-49

中国版本图书馆 CIP 数据核字（2022）第 195988 号

SHIBEI ZHONG DE DA TANG SHENGSHI
石碑中的大唐盛世

出 品 人	杨　政
总 策 划	戴迪玲
责任编辑	王　倩　刘桐卓
装帧设计	霍笛文
营销编辑	陈　忠　魏　武
责任印制	刘　元

出版发行	天地出版社
	（成都市锦江区三色路 238 号 邮政编码：610023）
	（北京市方庄芳群园 3 区 3 号 邮政编码：100078）
网　　址	http://www.tiandiph.com
电子邮箱	tianditg@163.com
经　　销	新华文轩出版传媒股份有限公司
印　　刷	北京雅图新世纪印刷科技有限公司
版　　次	2023 年 1 月第 1 版
印　　次	2023 年 3 月第 2 次印刷
开　　本	787mm×1092 mm 1/16
印　　张	3
字　　数	60 千字
定　　价	28.00 元
书　　号	ISBN 978-7-5455-7300-8

版权所有◆违者必究

咨询电话：（028）86361282（总编室）
购书热线：（010）67693207（营销中心）

如有印装错误，请与本社联系调换。

西安碑林博物馆编委会

- 主　编：张　云
- 副主编：李　慧
- 编　委：刘　艳
　　　　　倪丽烨
　　　　　白雪松

本书编委会

- 特约策划：徐燕明
- 执行主编：李　佳
- 特约编辑：李　佳　高艳花　张　莉
- 插　　画：李志关
- 美术编辑：刘　孟　卜翠红
- 视效编辑：李倩倩　吕文昊
　　　　　　周年琨　朱苏倩

AR 文物课开讲啦

本书精选 20 组文物，量身打造 20 节 AR 文物课。只需两步，古老的文物就会与崭新的 AR 技术相遇，让文物"动"起来！

01

用微信扫描二维码，进入本书的 AR 小程序；

02

识别有 的页面；或者点击左下角"臻品"，选取相关文物讲解；

AR 文物课开始了，听文物讲述自己的故事！

名碑诉说的黄金时代

唐朝

唐朝（618—907） 隋朝仅存在了三十八年，隋朝灭亡后，李渊建立唐朝。唐朝是中国古代历史上的**鼎盛**时期，在军事、经济、文化、外交等方面都有很高的成就，对世界文明产生了深远的影响。唐朝也是碑刻文化的繁荣时期，大量的**丰碑巨制**映射出大唐恢宏的气势、非凡的艺术造诣，以及唐人自信、向上的时代精神。

隋朝后期，统治酷虐残暴，终于导致了大规模的农民起义。618年，在太原起兵的贵族李渊建立了唐朝。

唐朝国力强盛、军事力量强悍，不仅因为军队战斗力强，还因为当时出现了一批优秀的将领，而且唐太宗李世民本人就是一名骁勇善战的将军。千千问最期待的唐朝之旅就从大唐一统天下开始啦！

> 铁甲保护了自己，也保护了马。

> 帅是帅，就是好沉哦。

唐太宗李世民有一支强大的部队——**玄甲军**，它属于重骑兵，相当于唐朝的特种兵，因士兵和战马都身披黑铁盔甲而得名。

> 重骑兵在战争中主要负责冲锋，有了铁甲防护，战斗力会更强。

李世民（599—649）唐高祖李渊的第二个儿子，唐朝第二位皇帝，庙号太宗。隋末唐初，李世民多次随父出征，领兵平定薛仁杲（gǎo）、刘武周、窦建德、王世充等割据势力，最终统一全国。他在位期间勤于政事、虚心纳谏，大唐经济复苏、文化繁荣，因他的年号为"贞观"，史称"贞观之治"。

文化卡片

玄甲军四大将军

尉迟恭和**秦琼**是唐太宗的爱将，曾为他守门，因而被百姓奉为门神，现代人过春节时还有在大门口张贴门神的习俗。**程咬金**追随李世民征南伐北，破宋金刚、擒窦建德、降王世充，为唐王朝平定天下立下汗马功劳，被封为宿国公。**翟长孙**参与过平定王世充和窦建德的战役。

昭陵六骏

禁止出境展览文物

特勤骠（biāo）又称"特勒骠"，"特勤"是突厥的官职名。这匹马毛色黄白，是619年李世民在山西与宋金刚作战时乘坐的战马。

扫一扫，听课啦！

飒露紫（复制品）621年，李世民和王世充在洛阳会战，飒露紫身中敌箭。画面中将领丘行恭正在拔去它身上的箭。

国宝有话说

希望六骏有朝一日能重新团聚。

基本信息

时代：唐贞观十年（636）

尺寸：高约171厘米，宽约205厘米，厚约30厘米（每块）

重量：约2.5吨

收藏地：西安碑林博物馆

文物来源：原置于陕西省礼泉县唐太宗昭陵

拳毛䯄（guā）（复制品）620年，李世民与窦建德在洺水会战，拳毛䯄在战斗中身中九箭。

什伐赤 什伐赤是一匹红色的马。621年,唐朝发起统一战争,围攻洛阳时,李世民骑的就是这匹战马。

青骓(zhuī) 青骓是一匹苍白杂色骏马。唐初统一战争中,李世民在虎牢关与窦建德交战时,青骓表现非常机智勇猛。

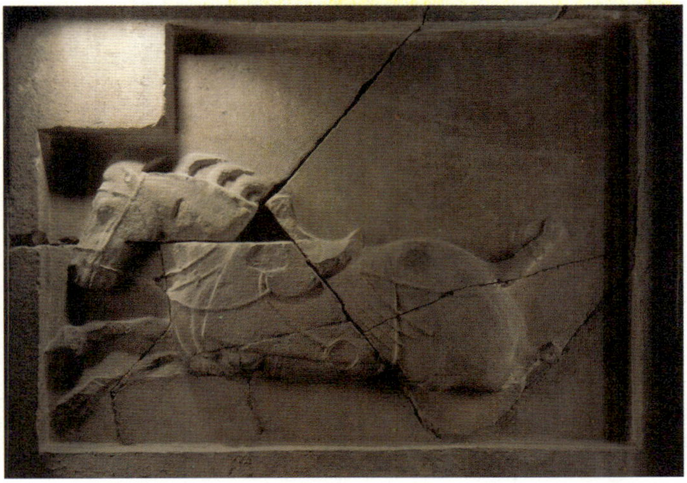

大有来历

修建昭陵时,李世民命人将开国战争中骑乘过的六匹战马刻成石雕,还亲自作了六首赞美诗歌,命书法家欧阳询抄录于石上,放在昭陵前与他永远相伴。这组浮雕显示了李世民对六匹战马的深厚感情,同时也是告诫后世子孙大唐创业的艰难。

颠沛流离的身世

1914年,六骏中的《飒露紫》《拳毛䯄》被打碎装箱盗运到了美国,现存于美国宾夕法尼亚大学考古学与人类学博物馆。其余四骏也曾被打碎装箱,幸好盗运时被截获。

白蹄乌 白蹄乌是李世民与薛仁杲作战时所乘战马。因毛色纯黑、四蹄白色而得名。

骁勇善战的唐太宗还是一位书法家，他尤其推崇王羲之的书法，为此还重用书法家虞世南。虞世南的书法老师智永和尚是王羲之的七世孙，因此虞世南的书法深得王羲之的真传。

　　正因为唐太宗对王羲之书法的热爱，诞生了一通跨越时空的碑，被誉为"天下第一碑"。现在就跟着五千岁一起来看看是怎么一回事吧。

- 《集王羲之书圣教序碑》由唐太宗李世民撰文，歌颂的是佛学家玄奘法师，而碑文的书法又是集书圣王羲之的墨迹。一块碑石将三位著名的历史人物联系在一起，因此也被称为"**三绝碑**"。
- 碑文上的王羲之墨迹是**怀仁和尚**花了二十几年时间收集完成的。
- 有一些字实在找不到，怀仁就用**拆偏旁部首**的方式重新组合了。
- 碑文里既有唐太宗自己珍藏的王羲之墨迹，还有很多从民间搜集的王氏书迹。朝廷曾发出告示：谁献出文中王羲之一个字，赏一千金，所以此碑又称为"**千金帖**"。

这块碑价值连城！

三绝，是哪三绝呢？

我看到了"右将军王羲之"！

  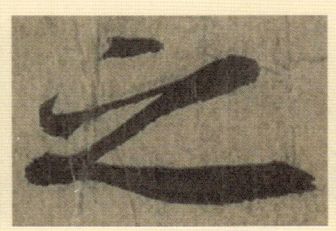  

《集王羲之书圣教序碑》集结了王羲之的楷、行、草各体书法，其中光"之"字就有很多种写法。

"三绝碑"里歌颂了佛学家玄奘法师。唐朝崇尚佛教，为了获得正统的佛教经典，玄奘法师前往佛教起源地天竺国取经，促进了古代中国与印度佛学文化的交流与沟通。

　　姐弟俩特别好奇，玄奘法师就是《西游记》里的唐僧吗？真的有孙悟空跟着他一起西去取经吗？

有问必答

玄奘又被称为唐三藏，为什么呢？

　　三藏法师是对精通佛教圣典中的经、律、论三藏者的尊称，简称三藏。

天竺是哪里？

　　在玄奘西行之前，唐朝人称印度为天竺。玄奘取经归来后，根据读音为其正名为"印度"，并沿用至今。

《西游记》的来源？

　　玄奘归来后，口述了自己亲身游历西域的所见所闻，他的弟子辩机将其整理成《大唐西域记》。到了明朝，小说家吴承恩根据《大唐西域记》及民间传说进行艺术加工，终于写成长篇神话小说《西游记》。

❶ 玄奘少年时出家，青年时期在长安、成都等地走访名师，钻研佛经。他发现有些疑难问题，众说纷纭，难得定论。

❷ 628年，为了求取佛经精义，玄奘不畏艰难独自前往天竺取经，629年进入天竺，631年到达那烂陀寺。

❸ 他遍访天竺的名寺，研习佛法，曾在佛教最高学府那烂陀寺学习并讲学，成为远近闻名的佛学大师。

❹ 十多年后，645年，玄奘携带六百五十七部佛学经典回到长安。玄奘后半生一直在主持译经工作，为中国佛教的发展做出了重大贡献。

国宝有话说

集王羲之书圣教序碑 国宝级文物

> **基本信息**
>
> 时代：唐咸亨三年（672）
> 尺寸：高350厘米，宽108厘米
> 收藏地：西安碑林博物馆
> 文物来源：原立于唐长安城修德坊弘福寺，宋初移入西安碑林

一封珍贵的表扬信

碑文内容是唐太宗撰写的《大唐三藏圣教序》，是为表彰玄奘法师赴天竺求取佛经而写的。除此之外，还有太子李治作的《圣教序记》以及玄奘翻译的《心经》等，共一千九百多字。

为后世保存了王羲之的字迹

这是众多集王羲之书法碑刻中最成功、最有影响的一通碑。如今，王羲之的书法真迹已经罕见于世了，正是这通碑让他的书法流传至今，我们才有机会领略到王羲之书法的"飘若浮云，矫若惊龙"之美。

终于看到了王羲之的真迹！

唐朝很重视教育，大力发展官学，同时鼓励私人办学。国子监是唐朝的高等学府，相当于现在的大学。在唐朝读大学要学些什么呢？姐弟俩特别好奇，就跟着五千岁来探秘了。

文化卡片

科举制度

始于隋朝，是古代中国通过考试选拔官吏的一种制度。科举考试通常分为地方上的乡试、中央的省试和殿试。殿试是科举考试最高阶段，由武则天开创。殿试第一名称为状元。历史上，一些国家例如越南、朝鲜和日本，不但有学子赴中国参加考试，还在本国设立了科举制度。

孔子庙堂碑

时代：唐贞观四年（630）
尺寸：高188厘米，宽115厘米
收藏地：西安碑林博物馆
文物来源：北宋时西安碑林重刻

稀世珍品

这通碑是虞世南撰文并书写的，是他存世的唯一碑刻。碑文记述了唐高祖李渊在武德九年（626）封孔子后人孔德伦为褒圣侯及重修孔庙的事情。据说《孔子庙堂碑》刻成之后，每天都有很多人聚集在碑下等待拓印。

庙学合一的建筑体制

贞观二年（628），唐太宗在国子监设立孔子庙堂，祭祀孔子，确立了孔庙的主导地位，碑文记述了这段史实。从此，历代京城和地方的孔庙都是"庙学合一"的规制。

除了文官，唐朝对于武将的选拔也很重视。武则天还开创了为国家选拔武将的武举制度。怎样选拔出体魄强健、武艺高超的人呢？跟着三个旅行者到考场看看吧。

文化卡片

郭子仪

武则天时期的武状元，也是历史上唯一由武状元做到宰相的人。他曾平定安史之乱，收复长安、洛阳；击败吐蕃、回纥的入侵。郭子仪谥号忠武，这是极高的褒奖。

单骑退回纥

唐代宗永泰元年（765），吐蕃、回纥联兵三十万人入侵中原，直逼长安。郭子仪临时组织了一支一万人的唐军进行阻击，在泾阳城被回纥围困。郭子仪仅带几名随从来到回纥大营，凭借着他多年战功形成的对敌人的震慑力以及过人的勇气和谋略，说服了回纥将领联合唐朝反击吐蕃，成功地化解了长安的危机。

唐朝教育繁荣，与考试有关的儒家经典著作供不应求。由于印刷术不发达，学子们在传抄记录时很容易出现错误。于是，唐朝推出了官方版本的石经——《开成石经》，人们纷至沓来，拓印典籍内容。五千岁带姐弟俩来看这个中国最早的"高考教材"了。

《开成石经》在开成二年竣工，立在国子监内，刻有儒家最重要的十二部典籍。中国历史上曾七次大规模刊刻儒家石经，只有唐《开成石经》和清《乾隆石经》完整保存了下来。《开成石经》是校勘、研究儒家典籍的重要依据。

有问必答

《开成石经》包括哪些儒家典籍？

包括《周易》《尚书》《诗经》《周礼》《仪礼》《礼记》《春秋左氏传》《春秋公羊传》《春秋穀梁传》《论语》《孝经》《尔雅》。清朝补刻《孟子》，集齐十三部儒家典籍。

受印章和拓片技术的启发，隋唐时期开始使用印刷术。这种印刷方法，因为是在木板上雕好字再印的，所以称为雕版印刷术。看，五千岁正在给小旋风和千千问展示这种印刷技术呢。

写样
在薄纸上抄写出样稿。

上版
将样稿有字的一面向下，贴到刷有稀浆糊的木板上。

雕版
用刻刀把没有字的部分剔除，字向上凸起成为浮雕，即"凸版"。

刷墨
在板面上均匀地刷上墨汁。

文化卡片

石经与雕版印刷

《开成石经》改变了以往刻碑一行直下的方式,而是根据唐朝时纸张的宽度,采取每石上下分为八段,每行十字、分段书写的方法,便于拓印之后裁成适合阅读的书本。这种行款设计也引发了大规模的槌拓,并被雕版印刷借鉴。石经上的唐楷是当时的官方字体,后来成为雕版印刷字体的主流。

印刷

把纸覆盖在版面上,轻轻刷过后揭起、阴干,一页就印好了。全部内容印好以后,装订成册,一本书就印刷成功了。

有问必答

中国现存最早的雕版印刷品是什么?

中国现存最早的、有明确时间记载的雕版印刷品是唐咸通九年(868)印制的《金刚经》。

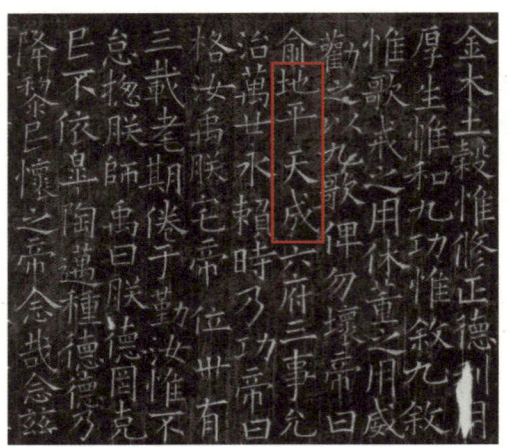

开成石经 国宝级文物　 扫一扫，听课啦

> **基本信息**
>
> 时代：唐开成二年（837）
> 尺寸：高216厘米，宽83～99厘米（每石）
> 收藏地：西安碑林博物馆
> 文物来源：原立于唐长安城国子监内

国宝有话说

石质图书馆

《开成石经》包含十二部儒家经书，共计一百六十卷、六十五万多字，是古代知识分子的必读书目，是世界上最重、最大的一座石质书库，有"石质图书馆"的美称。

石经的诞生

唐文宗太和四年（830），宰相郑覃奏请朝廷刊刻石经，833年获准实施。经过采石、书丹、校勘、镌刻，石经于四年后的开成二年刊刻成功，因此被称为《开成石经》。

我背诵的经文肯定是对的。

我们去看看石经上写的什么就知道了！

儒家文化广受欢迎

一些日本年号就取自儒家典籍，比如，"明治"出自《周易》"圣人南面而听天下，向明而治"；"昭和"出自《尚书》"百姓昭明，协和万邦"；"平成"出自《尚书》中的"地平天成"。

唐朝把书法考试纳入科举考试中，极大地推动了书法的发展，涌现出了很多书法家，他们留下了许多备受后世推崇的作品。既然千千问最喜欢楷体，那就必须先去见见欧阳询和颜真卿了。

❶ 欧阳询以楷书和行书著称，其字体方折峻丽，笔力险峻，被称为"欧体"。他还与虞世南、褚遂良、薛稷并称"初唐四大书法家"。

❷ 欧阳询会八种书法字体，和他的儿子欧阳通对文房四宝特别讲究不同，据说欧阳询写字不择纸笔。

❸ 唐朝钱币"开元通宝"这四个字就是欧阳询写的。

❹ 欧阳询不仅是一代书法大家，而且是一位书法理论家，《传授诀》《用笔论》《八诀》《三十六法》等都是他书法实践的经验总结，为后来研习楷书的人提供了珍贵的学习资料。

皇甫诞碑 国宝级文物

时代： 唐贞观年间（627—649）
尺寸： 高188厘米，宽95厘米
收藏地： 西安碑林博物馆
文物来源： 原立于陕西省长安区鸣犊镇皇甫诞墓前

为父正名

此碑是皇甫无逸为纪念父亲皇甫诞立下的。隋文帝驾崩后，隋朝高官皇甫诞因阻止汉王杨谅起兵造反被杀。皇甫诞的儿子皇甫无逸入唐后受到唐高祖的厚待，被封为滑国公。他为了给父亲正名，立下此碑。碑文诉说了皇甫诞的冤屈，歌颂了他忠烈的气节。

唐人楷书第一

碑文是欧阳询用楷书书写，用笔紧密内敛、锋棱外露、刚劲有力。初学唐楷的人从这个碑入手，可以更好地掌握字的间架结构。因此，此碑也被称"学唐楷第一必由之路"。

横跨隋唐两代

欧阳询在隋朝时出任太常博士，李渊称帝后，被授予侍中一职。李世民时期，欧阳询继续得到重用，担任过弘文馆学士、太子率更令等职位。

"争座位"的故事

郭子仪凯旋还朝,唐代宗命令文武百官举行欢迎仪式。负责安排的郭英乂(yì)为讨好宦官鱼朝恩,不顾朝廷礼仪,将鱼朝恩的座位排在六部尚书之前,大臣们敢怒不敢言。一向刚烈耿直、不畏权贵的颜真卿回家后,愤然致信郭英乂,严词斥责其行为。

拜别欧阳询后，五千岁又带着姐弟俩去拜访老朋友颜真卿，刚到颜真卿家就看见他怒气冲冲地正要出门。

大家都很好奇：他为什么这么生气，这是要去哪里呢？说起来，这事还与刚才见过的武状元郭子仪有关。

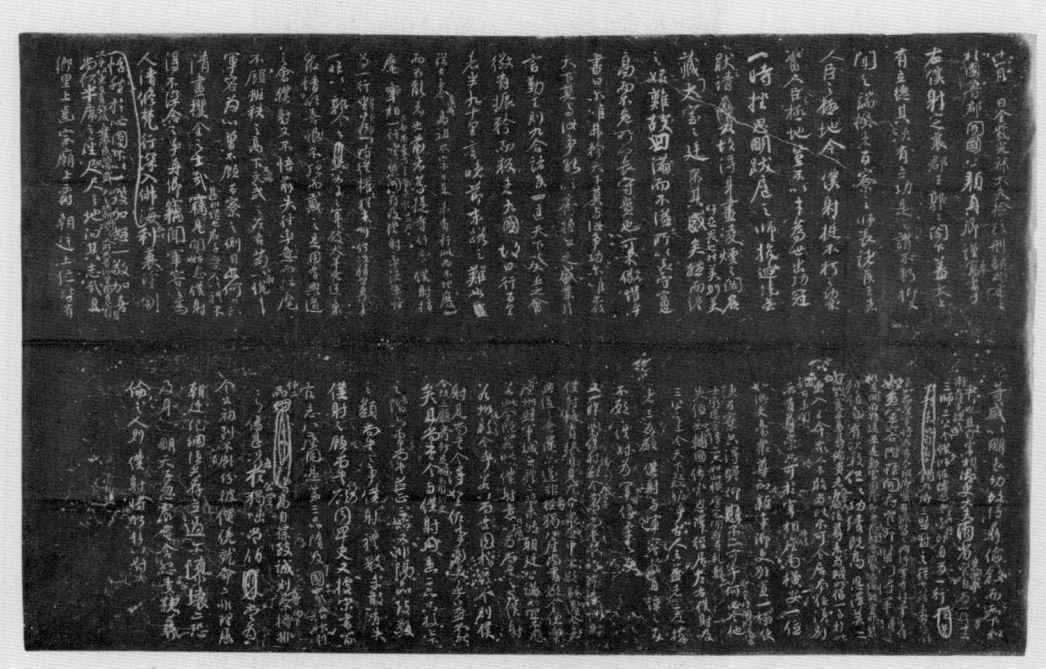

争座位稿

时代：唐广德二年（764）

尺寸：高81厘米，宽152厘米

收藏地：西安碑林博物馆

文物来源：北宋时书信原稿被刊刻上石放入京兆府孔庙

愤怒的书法家

《争座位稿》是颜真卿写给尚书右仆射郭英乂的一封信札，又名《与郭仆射书》。颜真卿在信中带着怒火斥责郭英乂，我们从文字上还能感受到颜真卿的情绪起伏，以及勾改的痕迹。

行书"双璧"

碑文书法随意自如，挥洒有度，刚烈之气跃然纸上，被列为行书最佳范本，与王羲之的《兰亭集序》并称行书"双璧"。

颜氏家庙碑

> **基本信息**
>
> **时代**：唐建中元年（780）
> **尺寸**：高394厘米，宽130厘米
> **收藏地**：西安碑林博物馆
> **文物来源**：北宋时从郊野移入西安碑林

人才辈出的颜氏家族

这是颜真卿为了纪念父亲颜惟贞及自己的家族而立的家庙碑，碑文叙述了颜氏先辈的做官经历和后世子孙的学问事业等，颜真卿称颜氏家族是孔子弟子颜回的后人。碑文还记载了安史之乱时，他堂兄颜杲卿被叛贼安禄山俘虏后英勇不屈的故事。

人书俱老的境界

碑文是颜真卿七十二岁时亲自撰文并书写的，每一个字都饱满有力，人们称赞这个时期的颜体作品"人书俱老，炉火纯青"。这是颜真卿存世最晚的作品，他在写完这篇碑文的几年之后，被叛贼李希烈杀害。

唐朝篆书第一

碑额的篆书是李阳冰写的，与颜真卿写的碑文合称"双璧"。李阳冰的篆书以瘦劲取胜。在唐朝，李阳冰被誉为"李斯后小篆第一人"。书法界还有学篆体要先学"二李"（秦李斯、唐李阳冰）的说法。

看完方方正正的楷书，再来看看自由奔放的草书吧。唐朝的张旭和怀素可以说是中国草书的高峰，他们最擅长狂草。狂草字形狂放多变，多是“一笔字”。下面，比眼力的时间到了，一起来看看张旭写了什么吧。

扫一扫，听课啦！

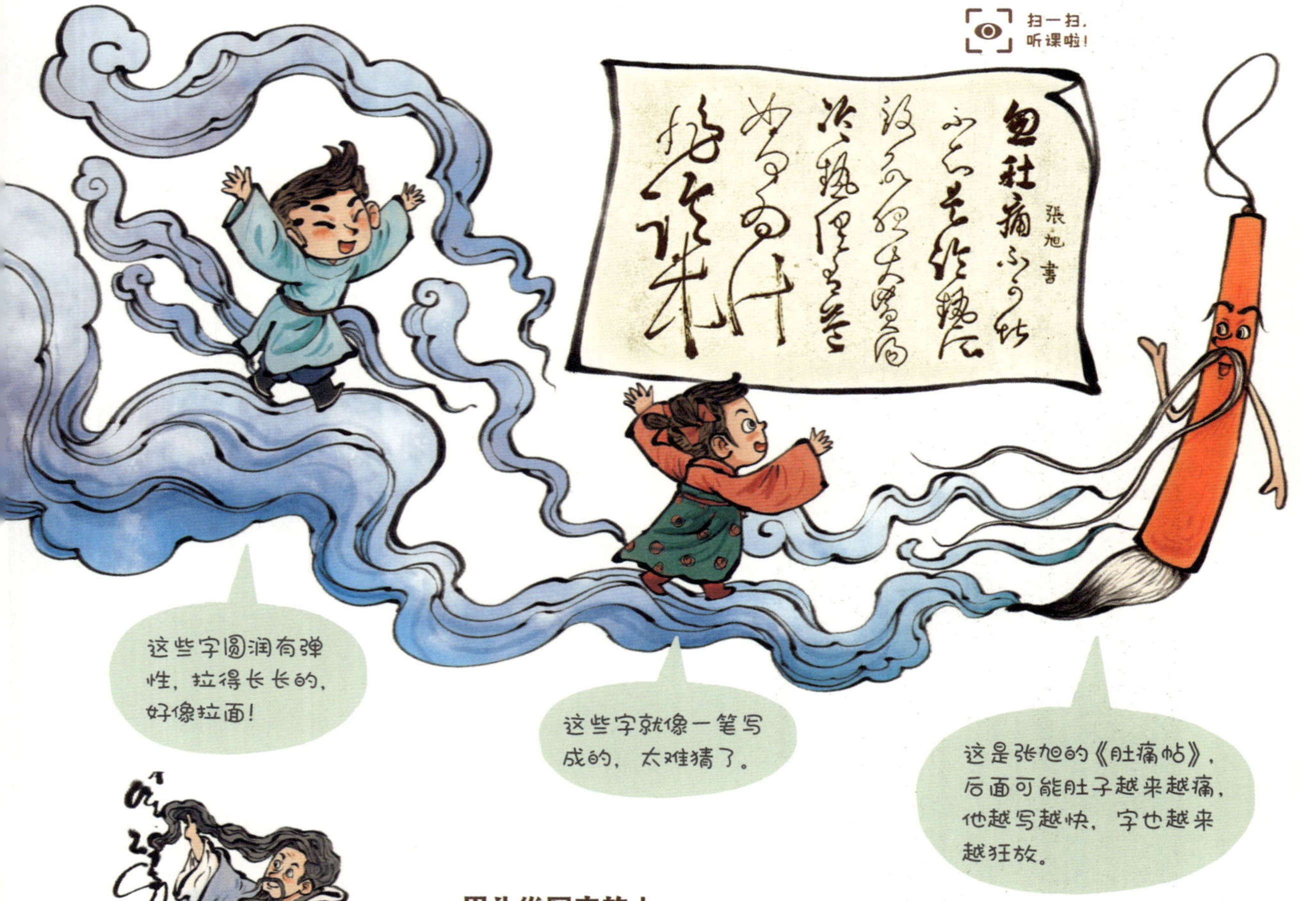
張旭書
这些字圆润有弹性，拉得长长的，好像拉面！
这些字就像一笔写成的，太难猜了。
这是张旭的《肚痛帖》，后面可能肚子越来越痛，他越写越快，字也越来越狂放。

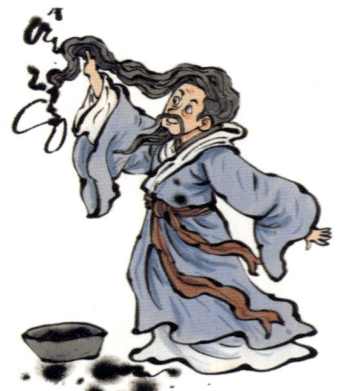

用头发写字的人

据说张旭大醉之后，会用头发蘸墨写字，因此他又有“张颠”的雅称。张旭的草书、李白的诗歌、裴旻的剑舞还被并称为“三绝”。

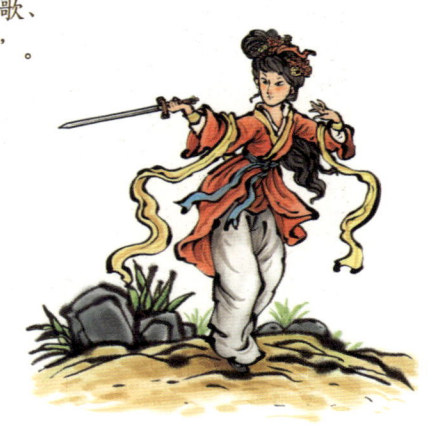

唐宫第一舞人公孙大娘

公孙大娘的剑器舞闻名于世。她在民间献艺，观者如潮，还曾应邀到宫廷表演。杜甫儿时看过她的表演，几十年后都难以忘怀。据说张旭因为观看了公孙大娘的剑器舞，从此草书大有长进。

怀素书蕉

怀素和尚与张旭齐名,人称"颠张狂素"。怀素因为贫穷买不起纸,就用芭蕉叶来练字。他在寺院的前后种了很多棵芭蕉树,芭蕉长大,绿荫遮天,怀素便把寺院取名为"绿天庵"。

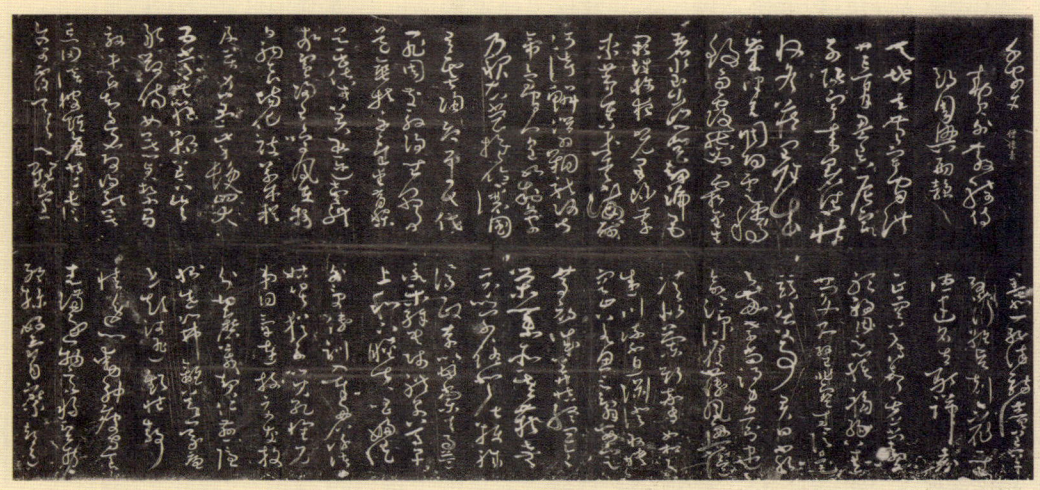

大草千字文

时代: 明成化六年(1470)
尺寸: 高71厘米,宽153厘米
收藏地: 西安碑林博物馆
文物来源: 西安知府余子俊摹刻于西安碑林

古代流行的蒙学课本

《千字文》是南朝周兴嗣用一千个不重复的字编成的四字韵文,用来教授宫中子弟有关自然、社会、历史等知识的教科书,后来成为长久流行的蒙学课本,也是历代书法家喜欢书写的题材。

千古第一狂草

怀素将王羲之的"小草"发展成了"狂草",笔画更简化,曲环缠绕更多,字体瘦劲有力,奔放流畅。当代书法大家李志敏评价:"怀素的草书奔逸中有清秀之神,狂放中有淳穆之气。"

31

和张旭草书并称"三绝"的还有李白的诗。唐朝是我国诗歌创作的黄金时代,这个时期出现了很多才华横溢的诗人,他们创作的诗歌内容丰富、风格多样。

五千岁认识不少唐朝诗人,他很想会一会老朋友们,于是组织了一场跨越时空的聚会,将大家都邀请了过来。

文化卡片

唐诗名句

少小离家老大回,乡音无改鬓毛衰。——贺知章《回乡偶书》
朝辞白帝彩云间,千里江陵一日还。——李白《早发白帝城》
露从今夜白,月是故乡明。——杜甫《月夜忆舍弟》
大漠孤烟直,长河落日圆。——王维《使至塞上》
野旷天低树,江清月近人。——孟浩然《宿建德江》
千里黄云白日曛,北风吹雁雪纷纷。——高适《别董大》
洛阳亲友如相问,一片冰心在玉壶。——王昌龄《芙蓉楼送辛渐》

王维画竹

时代: 北宋元祐六年(1091)
尺寸: 高159厘米,宽86厘米
收藏地: 西安碑林博物馆
文物来源: 原碑立于唐朝开元寺,此为北宋摹刻

刻在石头上的画

这幅《王维画竹》布局合理、刻工细腻。全图用白描双勾的手法刊刻,使青竹显得清丽空盈。

诗中有画,画中有诗

王维,字摩诘,是唐朝著名的诗人和画家。他的水墨山水画风格独特,把诗和画有机地结合在一起,创造了诗情画意的境界,被苏轼称为"诗中有画,画中有诗"。

快要到中午了，姐弟俩肚子都咕咕叫了。听说在长安西市，好吃的、好玩的、好看的，应有尽有。百闻不如一见，现在他们终于可以到西市来逛一逛啦！

❶ 唐朝初期从西域引进了先进的葡萄酒酿造技术，葡萄酒开始在大唐盛行。
❷ 毕罗是从西域传来的面食，类似蒸包子，品种多样，有蟹黄毕罗、樱桃毕罗等。

有问必答
找一找，卖瓷器和卖丝绸的人在哪里？

❸ 唐朝时，为了学习中国文化，日本派来了十多批遣唐使，同来的还有留学生和留学僧。直到今天，我们仍能在日本的建筑、文学、艺术、典章制度等方面，看到来自大唐的影响。

❹ 随着基督教的传播，圣诞节在唐朝时就已经传入中国了。

❺ 唐朝时，中国和天竺（印度）交往频繁，佛教经典大量传入中国。

唐朝的石刻艺术有着很高的成就，诞生了许多石雕珍品，石雕里还有外来动物的身影。

好想抱抱这只壮实的大犀牛。

献陵石犀　国宝级文物

国宝有话说

基本信息

时代：唐贞观九年（635）
尺寸：长340厘米，高209厘米
收藏地：西安碑林博物馆
文物来源：原立于唐高祖李渊的献陵前（陕西省三原县）

千年前的犀牛

这是一只"圆帽犀"，也叫"爪哇犀"。它头上无角，鼻子上方有一个圆包，原产于东南亚一带。林邑国（今越南）曾向中国赠送活犀。

贞观九年，李渊驾崩。他生前十分喜爱这只犀牛，因此在建造献陵时，李世民特意派人雕造出了石犀放在陵前。

绝对的重量级精品

这只石犀躯体壮硕高大，用一整块石头雕刻而成，重达十吨，是西安碑林里单体最重的石刻藏品。石犀比例准确，神态憨厚可爱，犀牛脖子下面厚重的褶皱以及腿部特有的鳞片写实逼真、惟妙惟肖。这件作品敦厚、稳重、写实，充分体现出唐朝工匠高超的雕刻技艺。

端陵鸵鸟

基本信息

时代：唐会昌六年（846）
尺寸：长205厘米，高150厘米
收藏地：西安碑林博物馆
文物来源：原置于唐武宗李炎的端陵前（陕西省三原县）

> 这只鸵鸟可真肥呀。

"肥"鸟

真实的鸵鸟喙短足长，而这只身躯肥大的鸵鸟却是喙长足短，有些失真，不过这件石刻依然是一件珍品。鸵鸟站立着，灵活的长脖子折向后面，眼睛睁得圆溜溜的，好像在整理羽毛，样子十分生动。

唐陵常客

唐永徽元年（650），吐火罗国（今阿富汗北部）曾向我国进献过鸵鸟。所以高宗死后，便雕刻鸵鸟为陵前仪卫，以象征吉祥和友好。自此之后，鸵鸟形象成为帝王陵前的装饰。

国宝有话说

大秦景教流行中国碑
禁止出境展览文物

> 碑额上的"中国"二字指的是唐朝都城长安。

扫一扫，听课啦！

38

基本信息

时代：唐建中二年（781）
尺寸：高279厘米，宽99厘米
收藏地：西安碑林博物馆
文物来源：原立于唐长安大秦寺中

唐朝人也过圣诞节

"大秦"是中国古代对古罗马的称呼，"景教"是基督教一个派系的中文名字。据碑文记载，贞观九年，基督教由叙利亚教士阿罗本从波斯传入长安，当时唐太宗李世民还命宰相房玄龄到长安城西郊列队欢迎阿罗本。此碑记述了基督教在唐朝近一百五十年的传播历史，碑文里有中国关于圣诞节最早的记载。

世界四大名碑

这是西安碑林博物馆里世界知名度最高的碑石，一些西方学者将它与《罗塞塔石碑》《摩押碑》《授时石刻》并称为"世界四大名碑"，这通碑排在首位，另外的三方世界名碑都已经损毁。这通碑在全世界有多个复制品，而原碑收藏在西安碑林博物馆。

碑上的古叙利亚文

此碑除汉字碑文外，原文首末两行、碑下部及碑的左右两侧还有古叙利亚文，记录了几十位景教教士的姓名和职位。

除了物质上的富足，唐朝在精神文化方面的发展也让人印象深刻。三个旅行者被一阵优美的音乐吸引，他们走近一看，一位美若仙子的女人正在翩翩起舞，而为她伴奏的人里面就有历史上著名的音乐家皇帝——唐玄宗李隆基。

横笛

腰鼓

箜篌

"梨园"的由来

梨园是唐玄宗设立的训练乐工的机构。他经常亲自坐镇，传授乐舞技艺。在梨园接受培训的人都称为"梨园弟子"，唐玄宗还被称为"梨园鼻祖"。

霓裳羽衣舞

霓裳羽衣舞是唐朝的一种宫廷乐舞，传说这支舞蹈的曲子就是唐玄宗创作的，他借鉴了印度的婆罗门曲，还含有胡旋舞曲等中亚音乐元素。

文化卡片

唐玄宗和杨贵妃

　　唐玄宗精通音律，擅长作曲，演奏琵琶和羯鼓的技艺也很高超。他的贵妃杨玉环善歌舞、通音律，这点和唐玄宗颇为契合。"在天愿作比翼鸟，在地愿为连理枝。"白居易所写的《长恨歌》描述的就是唐玄宗与杨玉环的爱情故事。

筚篥

琵琶

来自西域的乐器

　　唐朝的乐器有三百多种，其中来自西域的乐器占了很大比例，比如胡琴、胡笛、排箫、箜篌、琵琶、筚篥、胡笳、角、羯鼓等。

排箫

筝

看我跳得怎么样？

好久没有欣赏到这么美的宫廷歌舞了！

还好不是胡旋舞，不然你肯定转晕了。

唐朝人十分重视孝道，在家孝敬父母，与兄弟姐妹和睦相处，在外则忠于国家和君王。说到孝道，姐弟俩还听到了一个感人的故事。

　　唐朝诗人崔沔（miǎn）自幼与母亲相依为命。他发奋读书，考上进士做了官，但始终不忘母亲的养育之恩。母亲喜欢吃高笋，他就请人在家门前挖塘栽上了高笋。母亲去世后，每到清明，他还不忘给母亲送上一份高笋。

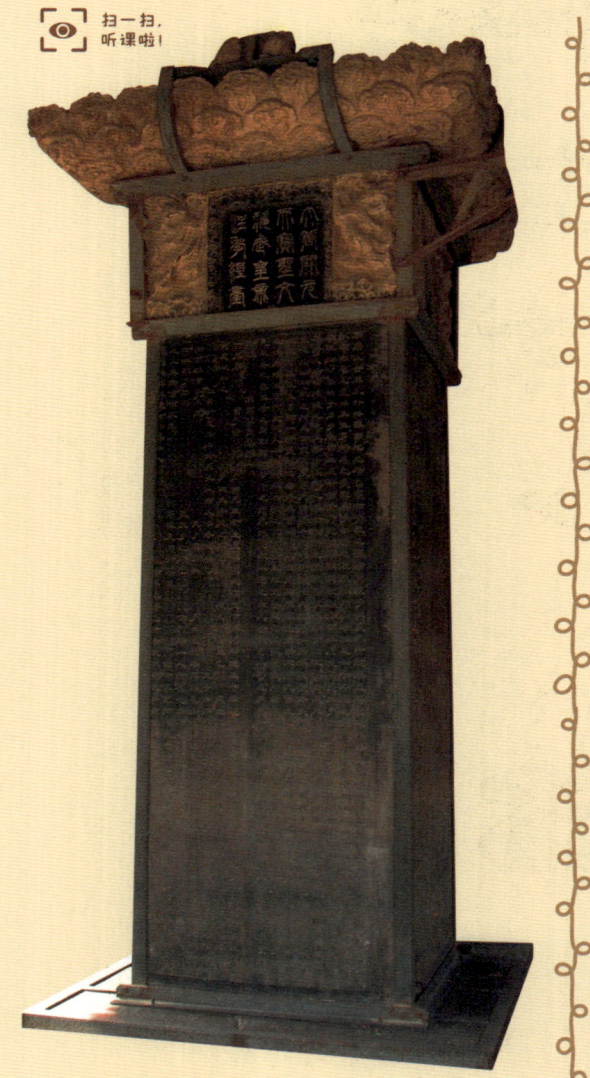

时代： 唐天宝四年（745）
尺寸： 高 620 厘米，宽 120 厘米
收藏地： 西安碑林博物馆
文物来源： 原立于长安国子监内

以孝治国

　　此碑坐落于三层石台之上，碑文内容为《孝经》，因此被称为《石台孝经》。

　　《孝经》主要讲"孝""悌"二字。"孝"是指孝敬父母，"悌"是指兄弟姐妹之间和睦友爱。为了维护封建王朝的统治秩序，唐玄宗大力提倡孝道，《孝经》就是他"以孝治天下"的理论基础。

石台孝经 国宝级文物

有问必答

"侍老"是什么意思？

"侍老"是唐朝官方文书上特有的一个名词，即侍奉老人之意。在唐朝，年满八十岁的老人，依法可以享受"高年"养老福利，比如赏赐财物、减免赋役等。

> 我也喜欢吃高笋。

> 这是崔沔给他母亲种的高笋，也叫茭白。

> 咱们回去的时候带点儿什么东西孝敬爷爷呢？

安史之乱

755年，安禄山发动叛乱，史称"安史之乱"，唐朝的国势自此由盛转衰。907年，唐朝灭亡。

> 都怪你！要不是你发动安史之乱，唐朝也不会走向灭亡！

> 快走吧！

唐朝时，佛教与道教兴盛，促进了钟被广泛地应用于宗教活动与社会生活之中，钟的铸造进入了繁盛时期。唐朝到处都建有寺院，为了扩大佛教的宣传和影响，寺院内刊刻了许多石碑。

景云钟

禁止出境展览文物

扫一扫，听课啦！

> 钟上的这些圆疙瘩叫作"钟乳"，是调节音律用的，可以使钟声纯美优雅，清脆洪亮。

国宝有话说

> **基本信息**
>
> 时代：唐景云二年（711）
> 尺寸：高247厘米，腹围486厘米，口径165厘米
> 重量：6吨
> 收藏地：西安碑林博物馆
> 文物来源：原悬挂于景龙观钟楼

源自一个梦

此钟因铸成于唐景云二年而得名。相传当年，唐睿宗李旦做了一个梦，梦里霞光漫天、祥云缭绕，他认为这是吉兆，于是命人铸造了这口钟作为纪念。

尊老子

景云钟原名景龙观钟，原悬挂在唐长安城的景龙观钟楼上。景龙观是皇家的道观，唐王朝皇帝因与老子李耳同姓，为了巩固政权而攀祖孙关系，尊老子为始祖，在全国兴建宏伟壮丽的道观。这口钟的铸造反映出唐王朝推崇道教的史实。

天下第一名钟

景云钟被称为"天下第一名钟"，世界名钟之一，也是中国唯一由皇帝亲笔撰文书写、主持监工铸造的一口铜钟。

景云钟的钟声婉转悠扬，大家在除夕之夜听到的中央人民广播电台播放的新年钟声就是景云钟的录音。

不一般的牛

这口钟从上到下分成三层，每层六格，格内分别雕刻有龙、凤、狮、牛等精美的图案。这头牛可不是一般的牛，而是夔（kuí）牛，它只有一只脚，据说曾参与黄帝和蚩尤的战争。黄帝用夔牛的皮做成鼓，夔牛鼓一敲，能震响五百里，连敲几下，能连震三千八百里，夔牛鼓声使得军威大振，最终大败蚩尤。

多宝塔感应碑

国宝级文物

基本信息

时代：唐天宝十一年（752）
尺寸：高 260 厘米，宽 140 厘米
收藏地：西安碑林博物馆
文物来源：陕西省兴平县千福寺

梦里出现一座塔

碑文记载了楚金禅师修建多宝佛塔的事迹。据说唐玄宗李隆基曾梦到多宝塔，于是派宦官高力士去长安城内调查一番。据西京龙兴寺楚金禅师描述，自己静夜诵读《法华经》时，也看到了多宝塔，为此李隆基出资修建了多宝塔。

楷书入门帖

碑文是颜真卿四十四岁时书写，字点画圆整、端庄劲秀，已有个人独特风格。这是颜碑中笔法最为讲究、法度最细密严谨的，所以成为中国人练习楷书最多的碑帖。

李白的朋友岑夫子

碑文撰写者岑勋是大诗人李白的朋友，李白的《将进酒》中"岑夫子，丹丘生，将进酒，杯莫停"中的岑夫子写的就是他。

> 原来这通碑来源于唐玄宗的梦。

> 楚金禅师也看到了多宝塔，真神奇！

国宝有话说

议郎判尚书武部员外郎琅邪颜真卿书
朝散大夫捡校尚书都官郎中东海徐浩题额

十力弘建在於四依有禅师法号楚金姓程广平人也祖父并信著释门庆归法胤母高氏久
相岐嶷絕於荤茹龀齓不为童遊道树萌牙登豫章之年袭瓌璋之藏年甫七
注瓶水九岁落髮住西京龙兴寺内读具之年昇座讲法顿收珍藏异穷子之疾
久之乃减即於禅师建言禅师以为輟莊嚴之因资獎導之力復见灯光远望則如雨足隱以水
见宝塔宛在目前釋迦分身遍滿堂界黙議於心時千福有怀忍禅师忽於中夜見有金
咸捨珍財禪師以此意問禪師建塔之事乃歡惬頁奋荷於其地復以香水
喫異香於此其於於此殊勝之音聖凡相半至天寶
寺見塔禮問禪師 聖夢有孚法 名惟肖其書下降於時道俗景附檀施山積庀徒度財功一
多宝塔額遂緫僧事备法仪宸眄俯臨額書下賜又賜絹百匹助建修也則知精一
我皇天宝之年宝塔斯建同符千古昭有烈光附於道助詞峙貴毫動雲徒通
帝力時僧道四部會運萬人有五色雲團輔塔頂眾盡瞻觀莫不悅大我觀佛之光利用
精進法門菩薩以自強不息夲期同行復遂宿心鑿井見泥去水不遠鑽木未熱得火何階凡
替自三载每春秋二時集同行大德四十九人行法華三昧尋奉恩旨許为恒式前後道
贤变於笔锋上联得一十九粒莫不圆體自動浮光瑩然禪師無我觀身了空求法
自身石影跪而戴之同置塔下表至敬也夫舟遷夜壑无變度門劫
寫一千部散施所宜先也 主上握至道之灵符受如来之法印非禪师大慧超悟無以
施信所宜先 克成之業
僧是葺克成之業
拂戶重簷疊於畫栱及宇環其壁璫坤靈晶扇以贞

国宝有话说

基本信息

时代：唐会昌元年（841）
尺寸：高 386 厘米，宽 120 厘米
收藏地：西安碑林博物馆
文物来源：原立于陕西省万年县安国寺

天下最刚硬的书法

唐开成元年（836），长安城安国寺长老圆寂，朝廷赐谥号"大达"，特意建造了玄秘塔来安葬他，在六年后立下这通碑作为纪念。

这是柳公权的代表作，也是后人学习"柳体"书法的范本。柳体兼顾欧体之方和颜体之圆，下笔斩钉截铁，一丝不苟，很有"骨感"，"柳骨"是千百年来无数的欣赏者最直观的感受。

状元出家

碑文的撰写者是宰相裴休。裴休信奉佛教，他的儿子裴文德年纪轻轻就中了状元，但裴休不希望儿子少年得志，于是亲自送他出家。裴文德后来成为一代高僧，法号法海，开创了镇江金山寺。

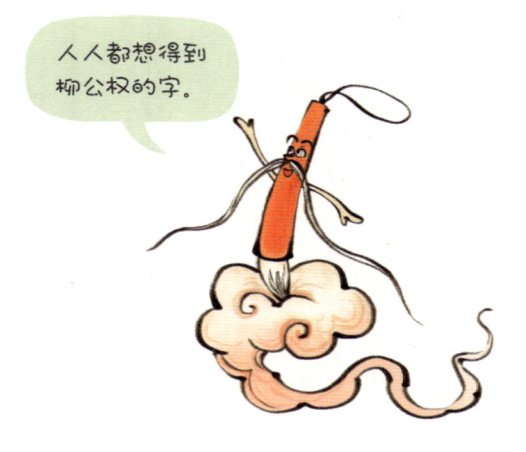

玄秘塔碑 国宝级文物

> 人人都想得到柳公权的字。